다시 길 위에 서다 ⑫

병상일기

윤명선 시집

빛을 향하여

'제3의 인생'을
노래하다

'병상일기'를 펴내며

이제 나의 상황이 바뀌었다
은퇴 후 건강을 무기로
여행을 하면서 시를 습작하며
살아서 가는 천국을 거닐던
'제2의 인생'

암 판정을 받고 나서야
실감나게 다가오는
죽음의 문제
인생의 마감을
다시 정리하게 되는

인간이란
'집행기일이 확정되지 아니한 사형수'

암과 씨름하는 삶
뒤바뀐 작업환경에서
펼쳐지는 '제3의 인생'

하나님을 영접하고
생사문제는 하나님께 맡기고

병상에서 보내는 시간
하나님과 동행하며
마지막까지 번뇌하지 않고
삶에 의미를 입히며
병마와 씨름하면서 시 형식으로

'병상일기'를 쓴다

인생은 죽을 때까지 성장하는 법
자아완성의 길은 끝이 없는 법
죽음은 인생을 완성하는 것
종착역까지 최선을 다해 가는 것
인간의 신성한 의무이니

아직도 일몰처럼 희망으로 떠 있고
아직도 그리움이 넘실거리고
아직도 잠재력이 소진되지 않았고
아직도 남은 시간이 기다리고 있고
아직도 할 일이 남아 있으니

살아있다는 사실에 감사하며

새로운 환경에서
새로운 발상으로
병상에서의 인생을 노래하며
영원한 빛을 찾아서
꿋꿋하게 걸어가리라

이러한 병상일기가
독자들에게 읽을거리를 제공하고
반면교사가 될 수 있다면
질병으로 고통 받는 환자들에게
위로가 될 수 있다면…

독자 여러분의 건강과 화평을
기원하며

2022년 3월 31일

병상에서

목차

'병상일기'를 펴내며 • 3

1. 인생의 변곡점에서

내 시는 —————————————————— 12
오직 건강 —————————————————— 15
생로병사 —————————————————— 17
행복의 조건 ————————————————— 19
목이 말라 —————————————————— 21
검사의 시점 ————————————————— 23
검사는 계속되고 ———————————————— 25
조직검사를 받으며 ——————————————— 27
다시 희망을! ————————————————— 29
하루 이틀 사흘 ———————————————— 31
D-1 day —————————————————— 33
극한상황 —————————————————— 35
어떤 해프닝 ————————————————— 37
어느 날 갑자기 ———————————————— 39
'제3의 인생' ————————————————— 41
방사선 치료 받는 이유 ————————————— 43
쉬었다 가세 ————————————————— 45

2. 살아간다는 것은

'제2의 인생'을 결산하며 ---------- 48
나는 누구인가 ---------- 50
오직 허공일 뿐! ---------- 52
'살아서 가는 천국' (1) ---------- 54
나의 참회록 ---------- 56
자연의 몸짓 ---------- 58
창문 ---------- 60
적막(寂寞)함 ---------- 62
아직도 그리움이 ---------- 64
달력을 쳐다보며 ---------- 66
고독이라는 병 ---------- 69
차를 마시며 ---------- 71
추억들 ---------- 73
어떤 이별 ---------- 75
컴퓨터 ---------- 78
침대는? ---------- 80
화장실 ---------- 83

3. 병마와 싸우며

인생 소묘(素描) ---------- 86
하루살이 ---------- 88
나와의 전쟁 ---------- 90
통증이 오면 ---------- 91
불면 ---------- 93
이명 ---------- 95
30분 ---------- 97
무릎관절 ---------- 99

코로나 공포증 ----------------------------------- 101
탈출구 -- 103
혈액검사 (1) -------------------------------------- 105
혈액검사 (2) -------------------------------------- 107
내 몸은 갈 곳을 잃어 ------------------------------ 109
선택의 기로에서 ---------------------------------- 112
침을 맞고 나면 ----------------------------------- 114
美치겠네 -- 116
방사선 치료 -------------------------------------- 119

4. 산책을 하며

성찰하는 삶 -------------------------------------- 122
오늘 -- 124
행복도 선택이다 ---------------------------------- 126
인생에서 가장 중요한 일은 ------------------------- 128
마음의 평화 -------------------------------------- 130
'살아 있다는 것' ---------------------------------- 132
병상에서 나 홀로---------------------------------- 134
병마와의 전쟁 ------------------------------------ 136
'최고의 선물' ------------------------------------- 138
'9988 234' -------------------------------------- 140
커피 인생 -- 142
단 것에 대하여 ----------------------------------- 144
지하철에서 -------------------------------------- 147
독서여행 -- 149
예술 속으로의 여행-------------------------------- 151
석양을 바라보며 ---------------------------------- 153
겨울나무처럼 ------------------------------------ 155

5. 마지막으로 걷는 길

불시착 -- 158
침을 맞는 순간 ------------------------------------ 160
신을 만나는 순간 ---------------------------------- 162
오직 하나님뿐 -------------------------------------- 165
신앙은 무조건이야 --------------------------------- 167
'나'라는 우상 --------------------------------------- 169
살아서 가는 천국 (2) ------------------------------ 171
벼락부자 -- 173
참 신앙 -- 175
나는 걷는다 -- 177
포기할까? --- 179
핸드폰 소리 -- 181
절대고독 -- 183
사람과 사랑의 함수관계 -------------------------- 185
자살 --- 187
죽음의 질을 높이자 -------------------------------- 189
'묘지로 가는 길' ----------------------------------- 191

6. 하나님과 동행하며

지금 나에게 시는 ---------------------------------- 194
좀 더 빛을! --- 197
지팡이 --- 199
병상여행 -- 201
치유의 시간 -- 203
희망은 깨어 있는 꿈 ------------------------------- 205
창문 너머로 하늘이 -------------------------------- 207

다시 그리움이! --------------------------------- 209
하나님과의 동행 ---------------------------------211
신확행(神確幸) --------------------------------- 213
크리스천의 행복 --------------------------------- 215
'내 탓이야' --------------------------------- 218
행복으로 가는 길--------------------------------- 220
인생이란 '참고 견디는 것' ---------------------------------222
'이 또한 지나가리라!'* ---------------------------------224
마지막 소망 --------------------------------- 226
유언(遺言)---------------------------------228
아듀 --------------------------------- 230

@ 병상일기를 마치며 ---------------------------------232

1
인생의 변곡점에서

- 암 판정을 받기까지

내 시는
- 시도 아닌 시

병상일기를 시 형식으로 쓰면서
고통의 시간 견뎌내고
순간순간을 의미 있게 만들며
오늘을 건너가고 있는 나

내 시에는 은유가 없고
내 시에는 운율이 없고
내 시에는 낭만이 없고
내 시에는 스토리가 없고

아름다움이 아니라
간절함과 사색과
논리와 철학만 있는
내 시는 시도 아닌 시다

제2의 인생에서는
시상의 근원이 그리움이었지만

제3의 인생*에서는
시상의 바탕이 병마와의 싸움이니

가슴의 응어리 토해내고
고통으로부터 벗어나기 위한
인고의 시간 견뎌내며
고된 시간을 넘어서는

치유의 시

병상에 누워 있는 나에게
다시 용기를 주고
새 희망을 열어주고
의로운 빛을 비추는

위로의 시

남아있는 정열 모두 불태우고
일몰처럼 하늘에 떠 있다가
저 세상으로 건너가리라

---

* 은퇴한 후의 삶을 '제2의 인생'이라고 불렀는데, 병마와 씨름하면서 맞는 삶을 '제3의 인생'이라고 부른다.

영원한 안식의 세계로
마지막 소망

하나님 영접하고
하나님께 모든 걸 맡기고
하나님 은혜에 기뻐하며
다시 태어나는 나

병상에서 시와 씨름하며

오직 건강
- 건강을 잃고 나서

행복의 유일한 외적 조건은 건강뿐

돈 권력 명예 성 …
행복을 누리기 위한 조건일 뿐인데
사람들은 목숨 걸고 좇고 있네

건강을 잃으면 모든 것을 잃는 것

돈을 쌓아놓으면 무엇하랴
권력도 쓸모없고
명예도 필요 없고

지나고 나면 남는 것은 허망함뿐

건강관리를 잘 하면서
마음을 젊게 살고
인생을 건강하게 만드는 것
지속적인 행복으로 가는 길인데

건강을 잃고 나서야
병실에서 후회를 하는
그 주인공은 바로 나

죽고 사는 것은 하나님의 영역
이제 남은 과제는 건강을 회복하는 것
하나님 앞에서 무릎을 꿇고 기도하며

건강이 회복되면 덤으로 얻은 인생
하나님과 동행하며
하나님의 사랑 전하기로

병상에서 다짐해본다

생로병사
- 지금은 병의 과정

암 선고를 받고나서
병마와 씨름하는 제3의 인생
생로병사의 과정
이것이 인생인 것을

그대로 수용하리라

사르트르가 말하기를
"삶이 무엇이냐고 물으면
삶이란 아무것도 아니고
그저 껍데기일 뿐이다"

"인생은 헛되고 헛되니
모든 것이 헛되도다"*

암 선고를 받고 난 후

---

* 전도서

이제야 실감하다니
인간은 육체적으로는 노화하지만
정신적으로는 죽을 때까지 진화하는 법

어떤 병마에도 굴하지 않고
허락된 시간
의미 있게 살다 가리라
하나님의 사랑 전하며

병상일기를 쓰면서

행복의 조건
– 만족하면 얻는 것

열악한 환경인 수용소 안에서도
행복하다고 고백하는
로베르토 베니니*

"따듯한 방 읽을 책
하루 두어 시간 걸을 수 있는 운동화
첼리스트 아들과 함께하는 음악
더 바랄 게 없다
침대에 누워 창밖 나무만 봐도
아침 새소리만 들어도 행복하다"

혼자서 놀고 있는 놀이터
병상일기를 쓰며 누리는 즐거움
제3의 인생에 의미를 입히는 맛
창밖을 내다보며 자연과 대화하고
병상에서 산책하며 나를 만나고

---

* 영화 '인생은 아름다워'의 주인공.

묵상하면서 우주여행을 하고

이것만으로 행복할 수 있다
병상 위에서
베니니처럼

병마와 하루하루 씨름하고 있지만
살아있음에 감사하고
창살너머로 들어오는
저 빛을 바라보고
주어진 조건을 즐기며

하루하루를 건너가고 있는 나

하나님을 영접하고
하나님과 동행하며
하나님의 약속을 믿고
끝까지 희망의 끈을 붙잡고

치유의 그날을 기다리며

목이 말라
- 지금 내 인생은

낮잠을 잠깐 즐기고
책상 앞에 앉으니
목이 말라
목을 축이고 나니
갈증은 해소되었는데
아직도 마음은 목이 말라
하늘 쳐다보며
구름처럼 흐르지 못해
아직도 가슴은 목이 말라
찬 공기를 들이마시며
가슴은 뚫리는 것 같은데
아직도 나 자신은 목이 말라
세상을 방황하는 내 영혼
덩달아 목마르고
내 인생은
아직도 목이 말라
하나님 영접하고 동행하니
결코 외롭지 않고

하나님의 냇가로 가서
생명의 말씀 마시니
갈증은 해소되고
구원의 길이 보이고
세상으로부터 해방되어
다시 태어난 나

검사의 시점
- 병의 과정은 시작되고

고혈압과 고지혈증 치료를 위해
6개월마다 받아 온 혈액검사

연중행사

혈액검사 결과
염증 증세가 보인다고 하기에
아무 증세도 못 느낀다고 하니
다음 번 검사결과를 보자는

담당의사

6개월 후 다시 검사한 결과
역시 이상증후가 보인다고 해서
비뇨학과로 가서
다시 검사는 시작되고

질병을 알리는 신호탄

여섯 번이나 검사를 하고 나서
전립선암 판정을 받았고
뼈에 전이되었는지 알기 위해
핵 검사까지 하니

길고도 지루한 검사

이제야 암이 발견되니
일찍 검사 못한 것도 아쉽고
건강이 최고의 행복이란 걸
깨닫게 되는 지금

만시지탄이네

병마와 싸우는 '제3의 인생'[*]
여러 가지 질병이 동시에 닥쳐오니
생사의 문제는 하나님께 맡기고
믿음으로 기도하면서

치유되기를 소망할 뿐

---

[*] 은퇴 후 제2의 인생을 살아왔는데, 갑자기 여러 가지 병마가 닥쳐오니 병마와 씨름하는 시기를 '제3의 인생'이라고 불러본다.

검사는 계속되고
- 지루한 검사과정

혈액검사로부터 시작된
전립선암 판정을 위한 검사

혈액검사 두 번
요속검사
CT 촬영 두 번
조직검사
핵 검사까지

4개월이나 걸렸네

계속 검사를 하면서
왜 해야 하는지
결과가 어떤지
한 번도 설명을 안 해주는
담당의사

그래 믿고 하자

검사하고 오는 날에는
궁금하니까 결과를 묻는 가족들
심지어 친구들은 수치를 묻지만
나는 들은 것 없으니
설명을 해줄 수 없고

조직검사 결과가 나오니
겨우 암이라고 한마디하고
로봇수술을 권장할 뿐
어떤 상태인지 설명도 안 해주고

설명의무가 있다는 것을 모르는지
환자가 답답한 것은 관심에 없는지

가족들은 수상하게 여기고
다른 병원에 재검 신청을 해놓고
길고 복잡한 검사과정
마지막에는 해프닝까지 생기고

이렇게 시작된 제3의 인생

언제 치유될 수 있을지
그 끝은 알지 못한 채

조직검사를 받으며

– 예감은 무시할 수 없는 것

전립선암 판정을 위해 한 조직검사
벽을 향해 침상에서 옆으로 누워

몽혼주사 약효가 덜 퍼졌는지
처음에는 심한 통증이 오고
처음 바늘이 들어올 때
조건반사적으로 튀어나온 소리

'하나님'

할 수 있는 건 아무것도 없고
모든 걸 하나님께 맡기니
통증은 못 느끼고
불안도 없어지고

'여기하고 여기야'

두 의사가 소통하는 소리 들리니

불쑥 예견이 든다

'암세포가 있구나'

한 치 앞도 못 내다보는 인생길
그래 이제는 이겨내는 길밖에

그렇게 투병생활은 시작되고
그렇게 제3의 인생의 문이 열리고

다시 희망을!
– 포기하지 말자

최종결과를 기다리고 있다
병상에서
암이 어느 정도 퍼져 있는지
희망의 끈을 놓지 않고

오징어 게임에도
실낱같은 희망이 있다
희망은 삶의 빛
절망은 죽음의 그림자

천국과 지옥을 가르는 기준은
희망의 유무이니
희망이 있는 곳이 천국
아무런 희망이 없는 곳이 지옥

나의 건강과 능력을 믿고
섬을 거닐며 시를 쓰고
'살아서 가는 천국' 걷던

제2의 인생

이제는 하나님을 영접하고
하나님과 동행하며
병마와 씨름하고 있는
제3의 인생

신앙을 무기로 삼고
희망을 등대로 삼아
세파를 노 저어가는
나의 새로운 항해

"비장의 무기는 내 손 안에 있다
그것은 희망이다"*

---

* 나폴레옹

하루 이틀 사흘
- 시간은 흐르고

통증과 싸워가며
병상일기 쓰고
삶의 의미를 추구하는

하루하루

빨리 시술 받아야 하는데
새로운 정보 얻느라
고통은 심해지고

하루 이틀

이 병원에서 저 병원으로
이 검사 저 검사 받으며
보내고 있는

하루 이틀 사흘

암과 싸우며
인생의 심연 들여다보고
고통을 견뎌가며

하루 이틀 사흘 나흘

몸의 암이 아니라
인생의 암 환자
암과 싸워가며 보내는

하루 이틀 사흘 나흘 닷새

병명도 모르고
치유방법도 의사마다 다르니
어느 병원으로 가야할지 결정 못하고

하루 이틀 사흘 나흘 닷새 엿새

치유방법은 모르는 채
안타깝게 시간만 흐르고 있으니

어디로 가야 하나요

하나님

D-1 day
- 조직검사 결과가 나오는 전 날

망연할 뿐
미망의 세계의 맛이 이런 건가

이미 결과는 나와 있지만
나만 모르고 있을 뿐

죽고 사는 건 신의 영역이니
모든 건 하나님께 맡기고

내가 할 수 있는 건 없으니
어떤 결과든 수용하는 수밖에

하나님의 긍휼함을 받고
하나님의 약속을 믿으며

남아 있는 시간에 감사하고
최선을 다해 이겨내며
인생에 의미를 입히며

살다가 떠나가자고

다짐하는 D-1 day

창밖에는 바람이 유리창을
흔들고 지나가고

극한상황

- 핵 검사 결과를 듣기까지

뼈에까지 암이 퍼졌는지
핵 검사를 해야 한다는
의사의 명령

청천벼락 같은 소리네

뼈 검사 결과를 듣기까지
생각하면
불안해지는 건

인지상정

주사위는
이미 던져졌는데
그 결과를 모를 뿐

최선의 방법은
결과는 하나님께 맡기고

그동안만이라도

평안을 누리는 것

암 판정을 받고
병상일기를
시집으로 꾸미기 위해

열심히 습작하고 있다

작업에 몰입하면서
불안한 상황을 넘어서고
남아있는 인생에

의미를 덧칠하기 위해

그 결과는 아직 알 수 없지만

어떤 해프닝
- 진료 결과 나오는 날 생긴 일

핵 검사 결과를 통보 받는 날

다른 병원에서 재검 받으려고
진료의뢰서를 신청하고
호명을 해서 들어가니

서류목록을 보고 단도직입적으로
언성을 높이는 의사

'나를 못 믿느냐'

'검사 결과가 나오는 날
가족들이 묻지만 아무 설명 못해주니
여기저기 알아보기 시작했고
다른 병원에 예약을 해놓았다'

변명을 하는 해프닝이 벌어지고
암이라고 판정을 내리면서도

그 이상 설명을 안 해주는 의사
검사 결과 서류를 발급 받고서야
암의 상태를 알 수 있었으니

성실하게 설명 안 해주는 의사들
일방적으로 권위적으로 말하고
물어도 답변 잘 안 해주고
심지어는 설명하지 말라고 하고

환자에게 친절하게 설명해주어야 할
의무가 있다는 것
의사들은 모르는가

병원은 서비스기관이 맞는가

의사의 직업윤리 개선되어야 하리

어느 날 갑자기
- 그렇게 암은 오는 것

어느 날 갑자기 오는 것
전조도 없이
예고도 없이
반갑지 않은 손님

전립선암

통증이 없으면
암세포가 자라는 걸 모르고
통증이 느껴질 때는
이미 암세포가 퍼진 후이니

내가 암 환자가 될 줄은 몰랐는데

부모님들이 다 90 넘기시고
저 세상으로 떠나가셨기에
두 분의 DNA를 물려받은 나
90 정도는 살 것으로 믿었는데

누구를 원망하랴

죽고 사는 문제는 신의 영역
인간이 할 수 있는 건
회복을 위해 최선을 다할 뿐
병상에서 기도만 하고 있네

인간은 죽을 때까지 성장하는 법

고통과 고통 사이사이에서
기쁨을 누리면서
마지막 그날까지
의미 있는 삶 이어가리라

희망의 끈을 붙잡고

병상일기 쓰면서

'제3의 인생'
- 치유과정을 노래함

암 판정 받는 날
다시 태어난 나
제2의 인생과 결별하고
새로운 인생으로

암과 투쟁하는 삶
'제3의 인생'
덤으로 누리는 인생
생사의 문제는 하나님께 맡기고

상황의 변화가 일어나면
인생의 길이 바뀌는 법
자의 반 타의 반
제3의 길로 갈 수밖에

죽음에 대한 불안으로부터
해방되고
남은 삶을 의미 있게

장식하기 위해

암 투병생활을 기록한
'병상일기'
시 형식으로 노래하고 싶다
인생을 수혈 받으며

바람처럼 스쳐가는 순간순간
병상에서 홀로 있는 적막함
온 몸으로 느끼며
구름처럼 사라지는 연습을 하고

방사선 치료 받는 이유
- 나의 계산법

방사선 치료를 받기로 하고
아내에게 설명하기를

방사선 치료 한 번 받는데
단돈 5만 원이래

원래는 100만 원인데
5%만 환자가 부담하고
95%는 공단에서 부담해서

일회에 95만원
5회면 475만원

이게 웬 수입인가

'이게 내가 방사선 치료 받는 이유야'

의료보험제도에 감사하고

전립선암의 완치를 기원하며

방사선 치료 받으러
병원을 오가고 있네
새로운 체험을 하며

오늘도 살아있음에 감사하면서

쉬었다 가세
- 병실에서

잠시 쉬었다 가세
짧은 인생길이지만
암치료를 받으며
혼자 있는 병상
나만으로 가득한 공간
병상에서 홀로 있으니
오롯이 나만의 시간
내가 건진 제3의 인생
병상일기를 쓰며
이 시간과 공간에서
삶을 살찌게 만들며
마지막 순간까지
의미 있는 삶 이어가리라
병상에서라도
쉬었다 가세
창문 너머로 들어오는
저 구름처럼
느긋하게

혼자서라도
좋은 추억만 되살리고
희망만 바라보며
그 시간이 짧을지라도
빛을 향한 내 마음
영원을 그리는 내 마음
더욱 맑게
더욱 높이
더욱 멀리

아! 제3의 인생이여

쉬었다 가세

2

살아간다는 것은

- 질병과 함께

'제2의 인생'을 결산하며
- 남길 유산은?

병상에 누워 햇살 받으며
'제2의 인생'을 결산해보는 오후
시간은 거의 소모했으니 남길 것 없고
평생 모아온 책은 도서관에 기증했고
재산은 남길 것 별로 없고
내가 쓴 책들은 잘 읽히지 않으니
더 써야 하는지 고민이고
느닷없이 찾아온 '제3의 인생'
병마들이 동시에 밀어닥치니
남아있는 시간
나의 생명이요 유일한 자산이다
의미 있게 보내는 것
내 인생의 마지막 과제이니
투병생활을 하면서
병상일기를 쓴다
다른 사람들에게 위로를 선물하고
고유한 체험의 교훈을 전하고자
마지막으로 꾸미는 시집이다

지나간 것은 다 헛된 것
쌓아놓은 것은 모두 빈 것
남길 것은 사랑뿐이라는 것
'하나님의 사랑'
이제야 깨닫고
하나님의 사랑 전하며
새로운 삶 이어가다가
저 세상으로 건너가기를
다짐해보는 병실 안

허공을 바라보여

나는 누구인가
- 병상에서

햇살이 스며드는 병상
어둠이 함께 머무는 공간

이 막힌 공간에
나 홀로 있습니다

이 좁은 공간은
나만으로 가득합니다

가지고 갈 것도 없고
남기고 갈 것도 없고

나만이 여기에 있습니다

흘러가는 구름 쳐다보고
내 영혼은 자유롭게 흐르며

자연과 소통을 하고
영원과 소통을 하며

추억들을 꺼내 봅니다
희망을 일구어 봅니다

언제 도착할지 모르는
종착역을 앞에 두고

살아있음에 감사하면서
병상일기를 씁니다

오늘을 건너가며
인생을 노래하며

오직 허공일 뿐!
- 존재의 근원

태초에 존재했던 건
허공일 뿐이었고

우리가 살고 있는 곳도
허공일 뿐이고

우리가 돌아갈 공간도
허공일 뿐이고

수많은 시간이 흘러도
허공은 허공일 뿐

천지개벽을 해도 남는 건
허공일 뿐

인생이 머무는 시간도
허공일 뿐

허공의 그림자 밟으며
허공을 방황하다가

허공으로 돌아가는
인간들

남기는 것은 허공뿐
남은 자국은 공허뿐

병상이란 허공에서
그 너머를 바라보며

'살아서 가는 천국' (1)

일요일이면 집을 나서면서
아내에게 하는 말

당신은 '죽어서 가는 천국' 가기 위해
일요일이면 교회로 가고
나는 '살아서 가는 천국' 찾아서
일요일마다 산으로

하늘 쳐다보며 산길 오르면서
자연과 소통하며 교훈 얻고
은퇴한 후에는 세계여행을 하면서
여행기를 쓰고

말년에는 섬을 거닐면서
자연과 소통하고
나를 만나면서
길 위에서 다시 태어나고

무거운 짐 내려놓고
마음 비우고 걸으면
인생도 가벼워지니
걸으면서 느끼는 행복

내 마음에 기쁨이 가득할 때
그곳이 천국이니

지금 걷고 있는 이곳이 천국 아닌가
'살아서 가는 천국'

제2의 인생에서 삶의 목표요
생의 철학이었으니

나의 참회록
- 이제야 깨달은 것들

최선을 다한다는 것
성공으로 가는 좌우명으로 삼고
홀로 광야를 건너온 나

가난 때문에 학창시절에는
친구 못 사귀고
사랑도 포기하고

장수하신 부모님 DNA만 믿고
시간 아깝다고 생각하면서
건강관리 하지 않고

오늘이 마지막 날인 것처럼
분주하게 살면서도
죽음에 관해서는 준비하지 않고

중요한 것이 무엇이고
행복이 무언지 모르고

지금 이곳까지 달려온 나

오로지 일에만 몰입한 것
그 자체가 행복이었다는 것을
이제야 깨닫고

제2의 인생은 봉사 차원에서
행복에 관한 책을 쓰면서
비로소 행복을 노래하다가

이제는 병상에 갇혀서
시 형식으로 병상일기를 쓰면서
오늘을 건너가고 있네

시간에 의미를 입히고
영원을 향하여 걸으며

자연의 몸짓
- 위로의 손길

창문을 스며들며
희망을 건네주고
마음도 녹여주는 저 빛

나의 고통 아는지 모르는지

창문을 스며들어
몸을 시원하게 해주고
내 마음도 풀어주는 저 바람

나의 고통 아는지 모르는지

창문 저 너머로
하늘 높이 흐르는 구름
내 마음도 따라 흐르고

나의 고통 아는지 모르는지

유리창 너머로 슬그머니 들어와
친구가 되어 소통하고
의사가 되어 치유해주는 자연

나의 고통 아는지 모르는지

병상에 누워 있어도
항상 우리들 곁에서 위로해주는 자연
인간이 배신하지 않는 한

나의 고통 아는지 모르는지

창문
- 소통의 통로

병상에서 비로소 깨닫는다
방에는 왜 창문이 필요한지

하늘은 희망으로 넘어오고
흘러가는 구름이 보이고
어두운 방에는 빛이 들어오고
바깥세상이 그리움으로 떠 있는

창문은 소통의 통로

마음의 문을 열면
모든 것이 들어온다

자연이
세상이
우주도
신도

혼자 있어도
외롭지 아니한 공간
모든 것이 다 있으니까

혼자 있어도
외롭지 아니한 시간
모든 것과 소통하니까

창문을 통해 해방되고
자유함 누리며
구원으로 가는 길 걸으니

창문은 나의 해방구
창문은 나의 구원자

병상에서 바라보는 창문
더욱 의미가 있구나

적막(寂寞)함
- 그 소리 들으며

병실을 점령하고 있는 적막함
고요함만 가득하지만
내 귀에 들리는 소리
적막함은 모든 소리가 모여 있는 상태
영혼의 귀가 열리니
처음으로 적막함의 숲을 헤맨다
병상 아니면 들을 수 없고
병마와 싸우는 상태 아니면 감상할 수 없는
내 맥박소리
자연의 소리
우주의 율동 소리
신의 음성
영혼의 숲을 헤매는 소리들
세속의 소리만 창밖에 갇혀 있을 뿐
적막의 소리 들으며 떠나는
병상에서의 상상여행
그 신비함에 내 귀는 다시 깨어나고
그 위대함에 내 마음은 풍성해지고

나를 돌아보고 갈 길을 점검해 보는
새로운 기회 아닌가
적막 속으로 나를 던지니
가야할 길이 보이고
비로소 지금의 환경에 감사하며
나를 만나는 여행
적막을 즐기면서
오늘을 건너가고 있다
병상에서 나 홀로

아직도 그리움이

– 내 마음은 청춘이다

오! 그리움이여

그대와 손잡고
세상을 평생을
함께 거닐며
여기까지 왔나니

내 인생의 에너지
내 인생의 나침판
내 인생의 안내자
내 인생의 동반자

세파를 헤쳐가면서도
희망을 잃지 않고
걸어올 수 있었던 건
그대 덕분이야

그리움이란 복합적 감정
내일을 기다리는 마음
사랑을 그리는 마음
미지의 세계를 향한 마음

그리움 뒤에는
희망이 걸려 있고
내일이 오고 있고
구원이 기다리고 있으니

병상에 누워 있어도
그리움 품고 가리라
항상 내 마음속에서
저 멀리 수평선 바라보듯

희망으로 떠 있는
나의 마지막 자산

그리움

달력을 쳐다보며
- 나의 소망

병상에 누워
달력을 올려다보면
시간의 흐름
선하게 보이네

구름보다 더 빠르게
바람보다 더 세게
강물보다 더 출렁이며
나보다 앞서 뛰어가는

눈 한 번 옆으로 옮기면
한 주일이 스쳐가고

일요일
월요일
화요일
수요일
목요일

금요일
토요일

손만 한 번 가면
한 달이 흘러가고

1월
2월
3월
4월
5월
6월
7월
8월
9월
10월
11월
12월

마침내 한 해가 지나가고

쉴 줄도 모르고

마음속에서 흐르는 시간
화살보다 더 빠르고
돌이켜 보면 지나간 과거
한 순간처럼 느껴지고

병마와 싸우고 있는 지금
달력에는 병원 예약일자만 가득하니
달력으로부터 해방되어
자유롭고 평화롭게 살아가는 것

나의 마지막 소망이다

그 날은 어김없이 오련만
그 날은 언제 올지 모르고

고독이라는 병

- 심리적 질병

인간은 누구나 혼자이고
외로움은 또 다른 나이고
병상에 누워 있으면
더욱 절실하게 느껴지는 것

원초적 고독은 인간의 숙명
살아있다는 증거이고
"살아간다는 것은
외로움을 견디는 일이다"*

"달아나라 고독 속으로"**

고독은 혼자 있는 고통이 아니라
혼자 있는 즐거움이 되어야 하리
"고독은 즐기면 행복이 되고

---

*   쇼펜하우어
** 니체

괴로워하면 불행이 된다"*

고독 속에 있을 때만 영감을 받을 수 있고
"천재를 만드는 것은 고독이다"**

나는 병상일기를 쓰면서
하나님과 동행하며
내면의 평화에 머무니
고독은 저 멀리 사라지고

고독을 즐기면서 살면
질병이 아니라 행복이 되리니
유유히 살다 가리라
구름처럼 바람처럼

* 윤명선, 행복의 향연
** 스토

차를 마시며

- 행복으로 가는 길

병상에서 글쓰기를 하면
찻잔을 들고 수시로 드나드는
아내

커피 잔을 갖다 놓으며
하루는 시작되고
몸에 좋다는 건
다 차로 만들어 대령하고

하루에도 몇 번씩 찻잔을 배달하는
정성을 마시며 산다
건강에 좋다는 것은 다 대령하는
사랑을 마시며 산다

병마도 양심이 있으면
그 정성 앞에 무릎 꿇으리
병마도 양심이 있으면
그 사랑에 감동을 받으리

하나님과 동행하면
모든 고통은 치유되고
살아서 가는 천국 거닐다가
빛의 세계로 들어가리니

찻잔을 기울이며
내가 마시는 건

사랑이다
행복이다
천국이다

추억들
– 만년의 자산

병상에 누워 눈 감으면
추억의 바람 스며들고
문뜩문뜩 스쳐가는 얼굴들
구름처럼 바람처럼

나의 과거였고
나의 사랑이었고
나의 인생이었고
나의 자산인

추억들

지금의 고통을 이겨내는
힘이 되고
지금의 삶을 위로하는
에너지가 되지만

추억의 앨범 뒤져보면서

그 장면들 재생시키니
주마등처럼 지나가는
과거의 쓰디쓴

추억들

이제 새로운 추억은 만들 수 없고
나의 유일한 자산인 오늘
병상에서 마음속을 거닐며
나를 만나는

추억들

추억들 속에서 병마와 싸우고
추억들 속에서 시간은 흐르고
추억들 속에서 영원을 건지고
추억들 속에서 인생은 저물고

병상에서 눈 감고 있는 순간순간
떠오르는

추억들

어떤 이별
- 책을 떠나보내며

책과의 이별은
아주 특별하구나

미국 유학시절 Law School
LL.M. 과 J.S.D. 과정에서
사고 복사한 자료들

연구실에서 연구할 때
평생 친구로 지내던
미국헌법에 관한 문헌들

나의 평생이 오롯이 잠겨 있고
나의 헌신이 듬뿍 담겨 있고
나의 땀이 책 전체에 고여 있는

연구에 필수적 자료
연구의 소중한 정보
연구를 위한 귀중한 자산

봉직하던 학교 도서관에
기증하고 나니

내 과거와의 이별이고
내 인생과의 이별이고
내 전공과의 이별이고

책과의 이별은 너무 슬프다
어떤 이별보다도 더

책들이 마지막 인사를 한다

안
  녕

수고했다고
건강하라고
행복하라고

그래, 너도

 안
녕

지식의 보고가 되고
정보의 창고가 되고
봉사의 자원이 되기를

소망하며

컴퓨터
- 너의 몫은

놀이터에서 함께 노는
유일한 친구

컴퓨터

이메일 받고
원고 보내고
정보 뒤지면서
시 소재 얻고

시를 읽으며
시상을 떠올리고
시 습작을 하며
일상을 요리하는

하루하루

컴퓨터는 소통의 창구

컴퓨터는 작업의 장소

투병 중에도
혼자 놀고 있는 놀이터에서
컴퓨터는 지키고 있다
이 공간과 시간을

컴퓨터는 붙잡고 있다
내 마음까지도

침대는?
- 그 기능의 다양성

'침대는 잠자는 곳'
고정관념을 가지고 있지만

아니, 아니, 아닌데
나에게는

아침에 눈 뜬 후 정각 10시
놀이터로 출근할 때까지
여러 가지 용도로 사용되는

기능성 침대

전기로 데운 따듯한 침대
포근한 잠자리 만들어
밤의 천국을 이루는

침실

TV 시청 하고
뉴스 들으며
아침식사 하는

식당

운동이라고는 안 하는
게으름뱅이가 식후에
가벼운 운동을 하는

운동장

생각에 잠기다가
시상이 떠오르면
시 습작을 하는

창작실

지금은 기독교 방송 들으며
하나님의 말씀 배우고
하나님과 동행하는

학습실

이곳은 다용도실
오늘을 준비하고
의미 있는 하루를 시작하는

게으름뱅이의 천국

나의 하루 생활 패턴
평생 변함없는 습관

누가 알랴
이 독특한 비밀을
누가 즐기랴
이 화려한 기쁨을

지금은 '병상'이라는
한 가지 기능이 더해지고

화장실
- 육신의 천국

지상에 육신이 가는
천국이 있다면

그곳은 화장실

아침마다 급한 용무를 보고
근심걱정을 해소시키는

그곳은 해우소

건강한 혈류를 위해
팔운동과 목운동을 하는

그곳은 운동장

시상이 떠오르고
창조의 공간이 되는

그곳은 창작실

여러 가지로 이용하면서
게으름뱅이의 하루가 시작되는

그곳은 다용도실

해결하고 밖으로 나오면 느끼는
세상이 내 것 같은

그곳은 해방공간

적어도 나에게는

3

병마와 싸우며

– 태클을 걸지 마

인생 소묘(素描)

- 나의 현주소

이 세상에 여행 왔다가
알몸으로
본향으로 돌아가는

인생

허공 속을 거닐다가
공허함만 남겨두고
허공으로 돌아가는

생존

그곳으로 가기 위해
무거운 짐을 지고
세상을 방황해온

어리석은 존재

병상에서 돌아보는
나의 흔적
나의 인생

결산서는 '0'

홀로
허공 속으로 떠나는
나의 병상여행

찬바람만 스쳐가고

하루살이
- 인간의 속성

병상으로 스며든
하루살이
바로 나 아닌가

병상에서의 삶은
하루살이
오늘만이 내 실존이고

창문으로 내다보는 하루
빛과 그림자
내 마음속에도 공존하고

병마와 싸워가면서
병상일기 써가며
오늘을 건너가는

하루살이

순간순간 속에서
영원을 추구하고
좁은 공간에서
해방을 기다리는

병상생활

하나님을 영접하고
하나님과 동행하니
하루하루가 즐겁네

영원을 갈구하는 하루살이

창문으로 스며드는
빛을 바라보며

나와의 전쟁

- 종착역을 앞두고

드디어 나와의 전쟁이 시작되었다
고독과의 전쟁을 하던 중
이제는 건강과의 싸움으로
전쟁터가 바뀌고
싸움의 주체는 삶과 죽음의 대결
그 골짜기를 헤매면서 나를 만난다
생과 사의 문제는 신의 영역에 속하는 것
나의 전술은 건강관리에 노력할 뿐
생의 의지를 꺾이지 않고
이 상황을 수용하면서 기도하는 마음으로
하나님이 동행하시는 걸 믿으면
소망이 생기고 힘이 솟아오르고
하나님이 모든 걸 해결해 주시리니
남은 시간 병상일기 쓰다가
저 세상으로 건너가는 것
마지막 순간 후회 없이 가는 것
구원을 받고 천국으로 가는 것
나의 마지막 소망이다

통증이 오면
- 기도한다

하루에도 몇 번씩 밀려오는 통증
밤에는 더 심하고
의사들은 처방 안 해주고
약으로는 해결이 안 되고
자다가 잠에서 깨어나기 일쑤다
통증이 자주 나타나고
그럴 때마다 기도를 한다
다른 방법이 없으니
십자가에 못 박히신
예수님을 바라보며
하나님의 사랑을 믿고
하나님의 능력을 믿고
하나님의 긍휼을 믿고
기도를 하면
육신의 고통도 덜어내고
마음의 평화를 얻고
생사의 문제는 하나님에게 맡기고
병상일기를 쓰면서

하나님과 동행하니
나는 혼자가 아니다
하나님의 은혜 가득하니
병상에는 희망이 솟아나고
내 마음은 병마를 이겨내고
남은 시간 할 일들이 떠오르고
그래 하나님의 사랑을 에너지로
남아 있는 시간
말씀을 전하고
사랑을 전파하고
인생을 노래하다 가자고
다짐하는 새벽 4시
어두운 병상에서
끝까지 하나님의 약속
이루어진다는 믿음을 가지고

불면

- 일종의 질병

잠 못 이루는 밤에는
늦게까지 TV 보다가
겨우 잠이 들면
갖가지 꿈을 꾸고

소변 때문에 밤에
서너 번씩 깨니
불면이 긴 날에는
밤이 두렵고

잠 이루려고
들척거리는 사이사이
고독이 넘쳐흐르고
뛰쳐나가고 싶고

어둠 속에서 긴 시간
사색에 잠기다가
시상이 떠오르면

비몽사몽간에 메모를 하고

어둠 속에서 과거를 불사르고
적막 속에서 내일을 그려보는 동안
어느덧 창문으로는
빛이 스며들고

이제는 더 이상 겪고 싶지 않은
불면의 고통
숙면이 최고의 행복이라는 걸
깨닫는 병상

이명
- 잊고 사는 법

늦가을 어느 날
느닷없이 귓전을 파고드는
매미소리

맴 맴 맴

이명(耳鳴)이란다

처방해준 약 먹어도
효과가 없으니
그냥 지내기로 하고

사시사철 밤낮으로
매미소리 들으며

맴 맴 맴

신기하게도

무엇인가에 몰입을 하면
못 들으니

평생 매미 소리
음악으로 들으며 산다

맴 맴 맴

이 상태를 누리며 살자
이 시간을 즐기며 살자

찬바람 몰아치는 겨울에도
여전히 매미 소리 들으며

맴 맴 맴

30분
- MRI 촬영기구 안에서

머리의 혈류검사를 위해
MRI 찍으러 간 종합병원
소요시간은 30분
촬영비용은 1,050,000원
내 생애 최고로 비싼 시간을 누린다

밀폐된 공간에서
상상의 날개를 펴고
천국과 지옥을 오가는
시공을 뛰어넘는 여행
예행연습을 하며

순간에서 영원의 한 조각을 잡고
좁은 공간에서 우주여행을 하면서
상상의 세계에서 뛰놀다가
촬영기구 안에서 다시 태어나고

판독 결과는 이상 무(無)란다

정상보다 훨씬 좋다고 하며

환자는 통증을 느끼는데
아무런 이상이 없다는 의사
의학에는 한계가 있다는 걸
인정하지 않고
권위만 세우며

그럼 묻고 싶다!
의사들에게

환자는 어디로 가야 하는지

무릎관절
- 행복의 조건

어느 시인이 말했다
행복의 조건으로
건강한 무릎관절을

어느 잡지의 기사를 읽고
웃음을 금치 못했던 날
엊그제 같은데

주말에는 등산을 하는 것이
유일한 운동이고
스트레스 해소방법이었던 나

산길에서 노인과 마주치면
말년에는 저처럼 등산하면서
노년을 보내리라 생각했는데

퇴행성관절염이라며
무리하게 걷지 말라는

의사의 선고를 받고 나서야

건강한 무릎관절이
행복의 중요한 조건이란 걸
비로소 깨닫는 어리석음

무릎관절은 외친다
다시 걷고 싶다고
자연과 소통하며

지금은 병상에서
내 마음속 오솔길을 걷고 있다
나를 만나며

코로나 공포증

- 감옥이 따로 있나

어느 날 오후 카페에 가서
커피 한 잔 마시고
시 습작을 하며

때로는 유리창 너머
자연과 대화를 하고
때로는 좋아하는 시 읽으며
나와 소통을 하고

집에 돌아왔는데
갑자기 열이 오른다
독감처럼 전신이 오싹해지고

혹시 코로나?

불길한 예감이 들고
온몸이 오싹해지며
겁에 질려

여보! 아스피린 있소?
한 알 먹고
침대 위에 눕는다

세계테마여행 보고 나니
나도 모르게 열은 사라지고
다시 나에게로 돌아왔다

짧은 시간 지옥 여행

지금 이곳은 창살 없는 감옥
코로나 덕분에
시 습작에만 빠져 있는

병상 위의 나

탈출구

- 병상에서

고통과 기쁨 사이사이에서
천국과 지옥을 오가는 병상생활
고통을 느낄 때는 지옥이다가
고통을 안 느끼면 천국이다가

병실 안에 공존하는 천국과 지옥

하나님의 보살핌으로
고통을 이겨낼 수 있고
하나님 품에 있으면서
기쁨을 누릴 수 있고

하나님과 동행하며
고통이 올 때는 기도를 하고
고통이 없을 때에는
살아있음에 감사하며

오늘을 건너가고 있다

세상을 건너가고 있다

간절한 기도와 굳은 신앙으로
하나님과 동행하며
기쁨을 누리면서

'살아서 가는 천국'
걸을 수 있으리니

병마와 싸우고 있을지라도

혈액검사 (1)

- 뒷이야기

내분비과에서 혈액검사를 했더니
비뇨기과에 가서
혈액검사를 해보란다
다음 진료일에 갔더니
다시 혈액검사를 하라고 하면서
이유는 설명해주지 않고
다시 혈액검사를 하고
그 결과를 보러 갔는데
역시 설명은 해주지 않고
다음 검사를 받으란다
환자는 답답하기만 하고
설명의무가 있다는 걸
의사는 모르는가
친구에게 전화가 와서
이런 사정을 말하니
암 환자 선배라 가라사대
그건 시간 때문이야
환자를 더 봐야 하니까

결국 그건 돈 때문이지
한 사람의 문제가 아니라
의료계의 구조적 문제이니
제도적으로 개선되어야 하리
의사와 환자의 관계는
갑과 을의 관계인가
환자는 어디에 가서
물어보아야 하는지
그것을 묻고 싶다

혈액검사 (2)
- 이런 일이

전립선암 치료를 받고 있다
호르몬치료와 방사선치료
로봇수술은 받지 않고

3개월에 한 번씩 호르몬주사를 맞고
매일 약을 먹으며
다른 문제가 생겨
아직 방사선 치료는 하지 않고

진료일이 다가와 의사를 만나러 갔다
혈액검사 결과지를 보며
호르몬치료로는 완쾌할 수 없다면서
방사선치료를 받으라는 의사

혈액검사 결과 나온 수치를 물었더니
안색이 변하면서 똑바로 응시하는 의사
긴장이 감도는 순간

사태를 수습하기 위해
'집에 가면 가족들이 물어서'
잘 알겠다고 얼버무렸다

얼른 진료실에서 나와
간호사가 적어준 수치를 보니
훨씬 좋아졌다
그런데 왜 의사는 말해주지 않는지

수치를 묻는 것은
환자의 당연한 권리 아닌가
설명을 해주는 것은
의사의 필수적 의무 아닌가

의사에게 묻고 싶다
설명의무가 있다는 걸 알고 있는지
보건 당국에 묻고 싶다
이러한 현실을 알고 있는지

'백의'만 보이고 '천사'는 보이지 않는
진료실 풍경
의사는 백의천사(白衣天使)라는 관념이
깨지는 순간이다

환자는 가슴만 막힐 뿐

내 몸은 갈 곳을 잃어
- 의사의 설명의무

근육에 통증이 있다
오래 된 증상이다

순서대로 병원에 갔다

동네 피부과에 갔더니
피부가 아니라서 잘 모른다면서
신경성 아니냐고 반문하면서
바르는 약만 내주고

다시 비뇨기과에 가서 검사하니
아무런 증세가 안 나타나고
진료의뢰서 한 장 써주면서
종합병원에 가보라고 하고

어느 종합병원으로 갈까

망설이다가 A종합병원으로 갔다

근육이 쑤신다고 통증을 호소해도
대꾸를 안 하는 의사
'바르던 약이나 바르라'고 하고

조직검사를 해보자고 요구해도
아무런 반응이 없고
신경성이라고 말할 뿐
아무런 대꾸도 안 하고

그럼 또 어디로 가야 하나

다시 B종합병원으로 갔지만
역시 대꾸도 안 하고
몇 번을 물으니
'좌욕이나 해 보라' 하고

또 다시 C종합병원으로 갔더니
한 의사는 말도 못 붙이게 하고
다른 의사는 설명하지 말라 하고
어느 의사는 엉뚱한 약을 처방하고

통증은 계속되고 있는데
어떤 처방도 못 받았고

의학적으로는 외면당한 내 몸
갈 곳을 잃었으니

이제는 또 어디로 가야 하나

너무 불친절하고
너무 권위적이고

환자는 너무 힘들다

선택의 기로에서
- 환자의 십자로

환자만 죽을 맛이네

전립선암 판정을 받고
환자는 이 병원에서 저 병원으로
정신없이 옮겨 다니는데
의사들은 다른 진단만 내리니

암 판정을 내린 A종합병원 의사
여생을 건강하게 살려면
로봇 수술을 받으라고 권장하고

다시 찾아간 B종합병원 의사
연령을 보아서 수술까지는 필요 없고
호르몬과 방사선 치료를 받으라 하고

같은 병원의 다른 의사
호르몬 치료 경과를 보고
방사선 치료를 받을지 결정하자 하고

그래서 C종합병원까지 찾아갔는데
의사는 치료 경과가 좋으니
호르몬 치료만 해도 된다고 하니

막막하기만 하네

어느 의사의 말을 따라야 할지
어떤 방법을 선택해야 할지
공은 나에게 넘어 왔는데

의사를 만나는 건
운이라고들 하는데
의사를 만나는 건
운명임에 틀림없는 것 같네

이제 선택의 기로에서
'어디로 가야 하나요'

하나님

침을 맞고 나면
- 훤해지는 세상

(머리 혈류에 이상이 있지만 MRI나 MRA에 나타나지 않으므로 의사들은 아무 이상이 없다고 하니 한의사에게 침을 맞으며 견디고 있다)

침을 맞고 나서 눈을 뜨면
세상이 훤해지고
머리의 통증은 사라지니

지금 이 순간

마음이 평안해지고
하늘은 푸르고
발걸음이 가볍고

지금 이 순간

살아 있음에 감사하며
순간순간을 기쁨으로

오늘을 건너가고 있네

지금 이 순간

다시 희망이 솟아나고
내일을 꿈꾸며
병상일기를 쓰고 있는

지금 이 순간

내 인생에도
구석구석 침을 맞고
시원해지는 기분이네

지금 이 순간

美치겠네

- 정신과에 가보라니

오래 전부터 머리 혈류에 이상이 있어
가끔씩 두통이 오니
중국 한의사에게 침을 맞고 있는데

종합병원에서 MRI와 MRA 찍고
의사들의 소견 듣지만
뇌 사진 한 장만 보고
똑같은 소리만 하네

"이상이 없습니다"

어느 의사는 'above normal'이라나

머리혈관에 이상이 있다고 해도
혈관 사진은 보여주지도 않고
어느 의사는 설명하지 말라 하고

MRI 사진 잘 읽는다고 추천을 받아

사진 들고 그 의사에게 찾아갔으나
역시 아무 이상이 없다고 하기에

두통 증세가 있다고 하니
정신과 가보라고 해서
조건반사적으로 소리를 질렀다

"내가 왜 정신과에 가느냐"

하도 답답해서
두통을 비롯하여 다양하게 보는 의사
찾아가니 혈관 사진 보여주며
혈관에도 이상이 없다고 한다

MRI와 MRA 사진에 나타나지 않으면
모르는 의사들

그러면 환자는 어디로 가야 하는지

문제는 의학의 한계를 인정하지 않는 것
더 큰 문제는 의사들이 자기들이 아는 걸
절대로 옳다고 환자들에게 강요하는 것

그러면 환자는 어떡하라고

아직도 의학은 갈 길이 멀고
인간의 생명은 최종적으로는
신에게 달려 있으니

하나님께 맡기고
기도하면서 통증을 이기고
기도하면서 쾌유를 빌며

하루하루를 건너가고 있다

방사선 치료
- 미지의 모습

방사선 치료가 시작되니
눈을 감고
움직이는 걸 느낀다
세 가지 기계소리가 이루는 화음
소리는 요란하고

그 소리 타고 여행을 떠난다
방사선 세계를 넘어
상상의 세계로
아무런 제약이 없는 시간과 공간
무한대의 자유다

왠지 전신이 썰렁하다
눈을 감고 있어도
훤한 기분이고
다른 검사를 할 때는
기계 속에서 못 느꼈는데

그래서 눈을 떠보니
웬 걸 나는 덩그러니
치료대 위에 던져져 있고
한참을 기계소리만 들려올 뿐
기계는 몇 바퀴 돌아가고

나는 추위를 느끼며
다시 눈을 감고
나에게로 여행을 떠난다

"나는 누구인가
나는 어디로 가고 있는가
남아 있는 시간
무엇을 하다 갈 것인가"

생각에 골몰하며
나를 정리하는 순간
끝났다는 소리에
다시 나에게로 돌아온다

4
산책을 하며

- 지금 이곳에

성찰하는 삶
- 제3의 인생

자신을 성찰하는 시간
암 선고를 받고
병상에 누워서야
비로소 갖게 된 지금

'너 자신을 알아라'

어둠 속에서 사색하며
나를 만나고
과거를 돌아보며
나를 바로 세우고

제3의 인생에서
병마와 씨름하며
삶에 의미를 입히고
성찰하며 사는 삶

인간은 죽을 때까지 진화하는 법

병상에 누워있는 동안
병상일기 쓰며
나의 삶을 가다듬고
남은 인생 다시 설계하고

병상에서 구원을 찾으며
천국을 걷고
하나님 사랑 전하기 위해
준비하는

내가 되기를 기원하며

오늘
- 인생찬가

나의 실존은 오늘이다

죽은 과거로 하여금
그 죽음을 묻게 하라
즐거운 삶을 원해도
미래를 믿지 말라

"활동하라
산 현재에 활동하라"

오늘은 신의 선물이다

내 인생의 전부인 오늘
오늘 살아 있음에 감사하면서
투병생활을 하고 있는
제3의 인생

어제 밤에는 고통과 씨름하고
절망 속에서 헤맸지만
창문으로 햇살이 넘어오는 아침
희망으로 다시 하루를 열고

행복이란 살아있음을 느끼는 것

매일 병상일기를 써가며
하나님과 동행하면서
붉은 노을로 떠 있다가
저 세상으로 건너가고 싶은

나의 마지막 소망

오늘을 즐겁게 살자
오늘에 의미를 입히며

하나님의 사랑 전하면서

행복도 선택이다
- 일체유심

병상에 누워 있는 두 사람

한 사람은 창문 밖으로
흘러가는 구름을 쳐다보고
세상은 아름답다고 노래하고

다른 사람은 어두운 방안에서
방바닥만 내려다보고
세상은 더럽다 비관하고

병상에 누워 있으니
천국과 지옥
나에게도 선택을 요구하는

병실 안 풍경

같은 환경에서 살아도
어디를 바라보느냐에 따라

갈리는 행복과 불행
모든 것은 마음먹기에 달려 있으니

일체유심(一切唯心)*

저 높은 곳을 바라보며
병상일기를 써가면서
고통을 이겨내고
구원의 길로 건너가는 것

이 길이 행복으로 가는 길이다

지금 나에게는

---

* 불교에서 사용하는 용어

인생에서 가장 중요한 일은
- 자신을 사랑하는 것

인생에서 가장 중요한 일은
자신을 사랑하는 것
병상에 누워 있는 나에게는
더욱 절실한 절규이고

"결국 나의 천적은 나였던 것이다"*

환경이나 조건은 바꿀 수 없으니
자신을 바꾸는 것
긍정적인 사고와 낙관적인 태도
행복으로 가는 지름길이고

"행복은 자신의 마음이 결정한다"**

사랑의 종점은 나를 사랑하는 것
사랑의 정점은 나를 사랑하는 것

---
*   조병화의 시, 천적
** 사사키 후미오

모든 사랑은 나로부터 시작되고
사랑의 영역은 나를 확장하는 것

"나는 삶을 사랑해
비록 여기 이러한 삶일지라도"*

최후의 승자는 자신을 사랑하는 자
자신을 사랑하는 것이 승리로 가는 길
자신이 건강해야 사랑할 수 있고
하나님의 사랑 실천할 수 있으니

병상에 누워 있으니
더욱 절실한 소망

구름 타고 흐르네
바람 타고 날으네

---
* 마르그리트 뒤라스

마음의 평화
- 긴 행복으로 가는 길

"행복은 마음의 평화에서 온다"*

병상에 누워 있어도
죽고 사는 문제
하나님께 맡기면 찾아오는

마음의 평화

눈 감고 명상을 하면
오로지 나에게 집중하고
세상을 다 잊는

마음의 평화

책 속으로 여행을 하며
그 정글 속에서

---
* 키케로

나를 만나는

마음의 평화

창살로 스며드는
햇살을 바라보며
희망을 가지면 솟아나는

마음의 평화

과거에 분노하지 않고
미래에 불안해하지 않고
오늘에 몰입하면 다가오는

마음의 평화

긴 행복으로 가는 길

'살아 있다는 것'
- 병상에서

이른 봄날 아침
앙상한 나뭇가지마다
푸릇푸릇한 새싹 솟아오르고
산 전체가 푸른 물결로 흐르니

그 순간 생명의 흐름
강렬하게 보이고
'아! 나도 살아 있구나'
새삼스레 감동이 솟아오르며

비로소 깨닫는 진리
행복이란 "살아 있음을 느끼는 것"

'생명은 참 아름답구나
얼마나 고귀한 것인가'
그 존재가치를 깨닫게 되고

---

* 꾸베, 행복의 비밀 (15)

병상에서 누워 있으니
더욱 절실하게 느끼는 것

오늘은 신의 선물
아침마다 눈을 뜨면
오늘이 내 앞에 펼쳐지고
다시 태어나는 나

병상일기를 쓰면서
살아있다는 것이 축복임을
새삼 느끼고
살아있음에 감사하며

오늘을 건너가고 있다

병상에서 나 홀로

- 나의 결산서

병상에 누워
유리창 넘어오는
햇살 받으며
지나온 길 결산해 보니

'여기에 나 홀로'

거센 세파를 헤엄치고
자신과의 싸움을 하면서
머나먼 길 돌고 돌아
도착한 곳은

'지금 이곳'

병상에 누워 있으면
고통은 오로지 나만의 것
누구와도 나눌 수 없고
인생은 나 혼자라는 것

온 몸으로 느끼고

마지막 소망은
일몰처럼 붉게 타오르다가
저 세상으로 넘어가는 것

'병실에서 나 홀로'

병마와의 전쟁
- 승리하는 방법

누구나 언젠가는 병마에 시달린다
누구도 병마를 피해갈 수는 없고
병마를 극복해가는 과정이 인생이니
질병에 걸리면 용감하게 맞서 싸워야 하리

긍정적인 생각을 해라

"낙관주의는 우리들을
성공으로 이끄는 믿음이다
희망과 자신감 없이는
아무것도 이룰 수 없다"*

우리 내면에는 '회복탄력성'**이 있다
어떤 병마라도 치유할 수 있는 힘
인생에 대한 깨달음을 주고
어떤 병마라도 극복할 수 있는

---

* 헬렌 켈러
** 하노 벡

모든 것은 마음먹기에 달려 있고
어떤 난관도 극복할 수 있으니
병상에서 이런 각오로 보내는 하루하루
희망이 보이고 기쁨이 깃들고

하나님 영접하고 나서
오직 하나님께 의지하니
근심 걱정 사라지고
쾌유의 소망 솟아오르고

인생에서 승리하는 법은
하나님과 동행하며
'살아서 가는 천국' 걷다가
'죽어서 가는 천국'으로 건너가는 것

'최고의 선물'

이제야 깨닫습니다

하나님께서 주신
가장 소중한 선물

'아내'

평생 남편만을 위해 살아온 삶
평생 희생정신으로 뒷바라지하고
하나님 앞으로 인도해온

병상에 누워 뒤돌아보니
스크린처럼 돌아가는
후회되는 과거의 무관심

하나님 감사합니다
훌륭한 아내 보내주신 것
아내에게 감사합니다

평생 아낌없이 내조해준 것

영원한 사랑
새로운 행복
가정의 평화

정성을 바라볼 때
사랑의 맛은 더 짙어지고
사랑을 느낄 때
삶의 멋은 더욱 짙어지고

자기는 성령의 능력으로
변함없는 사랑을 한다고 하네

늦었지만 감사하며 살아가기로
두 손 가슴에 얹고 다짐해봅니다

이제야 깨듣는 어리석음 뒤로하고

'9988 234'

누구나의 소망이다

99세까지 88하게 살다가
2~3일간 아프다 사(4)망하는 것

새롭게 각색된 다른 번안은

99세까지 88하게 살다가
23세의 이성과 사(4)랑하다 가는 것

건강하게 사랑하다 가는 것
누구나의 소망이지만

병상에 누워 고독의 날개 펴고
빈 공간 비상하니

문득문득 생각나는 말
'9988 234'

그래, 내 소망이기도 하지
'9988 234'

모든 사람들에게 선물하고픈
'9988 234'

커피 인생

- 내 인생의 반려자

커피는 내 인생의 동반자

놀이터로 출근하면
모닝커피 마시며
하루가 시작되고
놀이터는 돌아가고

커피 맛을 음미하면서
생기가 돌고
커피가 속으로 흐르면
즐거움이 뛰놀고

커피는 행복의 조달자

오후에는 카페에 가서
커피 한 잔 마시면서
유리창을 사이에 두고
자연과 대화하고

마음 문을 열고
우주와 소통하면서
나를 만나고
시를 습작하고

커피는 창작의 촉진제

창조적인 공간인데
백신 접종을 안 해서
출입을 삼가니
하루가 길어졌고

커피 없는 인생
상상할 수 없고
커피 못 마시는 시간
작업할 수 없으니

커피는 나의 구원자

단 것에 대하여

- 나의 개똥철학

단 것 때문에
매일 같이 벌어지는
부부간의 전쟁

가정의 평화는 흔들리고

암 선고를 받은 후
더욱 심해진
단 것 먹지 말라는 잔소리

집안에 가득하고

아이스크림 먹을 때가
가장 행복한 시간인데
여름동안 내내 이어지는

부부간의 갈등

단 것에 중독되어 있는 나
인생이 쓰니까
단 것을 먹어야 중화된다는

개똥철학

얼마나 건강에 도움 된다고
이제 얼마나 더 살겠다고
단 것 먹지 못하고

쓰디쓴 삶 이어가야 하나

단 것은 나의 행복
마음껏 먹고 달게 살다가
저 세상으로 건너가고 싶은

철부지 철학

그런데 철퇴를 맞았네
정기검사를 한 후 의사의 명
혈당수치가 당뇨에 이르렀으니

'단 음식은 먹지 말라'

어이할까 이제 내 인생의 맛은
쓰디쓴 맛으로 돌아가야 하나
슬프고 슬프다

철부지 인생

이제부터 인생의 단맛은
어디서 찾아야 할지

오! 하나님

지하철에서
- 나의 여행법

매번 전철을 타고
치료 받으러 병원을 다닌다
요금은 무료
좌석은 항상 기다리고 있고

지하철은 나의 도서관
가는 동안 책을 읽으면
집중도 잘 되고
효율성도 있고

책 속이 나의 해방공간
자유함을 누리고
행복감을 느끼며
책 속을 떠도는 나의 여행

"정원과 책만 있으면
더 이상 필요한 것이 없다"는
키케로의 말처럼

나도 지하철과 책만 있으면
병원 다니면서
마음의 치유를 받고
의미 있는 시간을 보낸다

쉼 없이 달리는 지하철은
값진 공간
창조적인 시간
구원으로 가는 길

지금 나에게는

독서여행

병상에 누워보니
책은 유일한 동반자이다
항상 내 곁에 머물며
언제나 나와 함께하는

책을 읽으면
친구가 되어 소통을 하고
의사가 되어 위로해주고
선생이 되어 가르침 주고

때로는 자연이 되어
아름다움과 진리를 전해주고
때로는 신이 되어
구원으로 가는 길 일러주고

책을 읽고 있으면
마음의 평화가 오고
책 읽는 것 자체가

진정한 행복이거늘

평생 독서하면서 더욱 성장하고
인생을 의미로 장식하고
구원으로 가는 길 걷고
병상에서는 더욱 절실한

독서여행

나는 지금 병상일기를 쓰면서
책 속에서 나를 만나며
인생을 노래하고 있다
인생의 길을 찾아가며

예술 속으로의 여행
- 고통을 이겨내는 방법

행복해지기 위해서는
"하루 한 편의 좋은 시를 읽고
선호하는 음악과 미술을 감상하라"*

"인생은 위대한 예술이다
산다는 것은 자신을 예술작품으로
만들어가는 것"**이고

최근에는 마음의 질병 치료하기 위해
'아트 테라피'가 유행하고

병상에서 예술장르를 넘나들며
하루하루를 건너가니
순간순간 즐거움을 느끼고
병마와 싸우면서도

---

* 괴테
** 도스토옙스키

작품세계의 아름다움에 몰입하면
마음의 평화가 임하고
정신적 황홀경인 엑스터시를 느끼면
잠시나마 행복은 최고조에 이르니

예술작품을 감상하면서
병마와의 싸움을 이겨내고
삶의 질을 높이며
인생의 폭을 넓혀가고 있네

예술의 옷으로 고통을 감싸고
예술의 혼으로 나를 위로하며

석양을 바라보며
- 나의 현주소

늦가을에 깊어가는
산 그림자 밟고 걸으며
오르내리는 산길에서
석양을 바라본다
바다 위에 얹혀 있는

나의 자산은
혼자라는 것
남겨진 시간
아직도 버리지 못한
그리움뿐

아무도 끼어들지 못하는 시간
오늘도 낚시질을 한다
혼자 있는 병상에서
내 영혼 살찌게 만들 수 있는
맛있는 요리 만들기 위해
낚시 밥은 그리움

구름처럼 세상을 떠돌고 있지만
항상 가슴에 품고
여기까지 왔다
마지막 꿈을

산 그림자 길게 자라고 있지만
아직도 못다 태운 에너지
저 일몰처럼
붉게 다 태운 후
저 세상으로 건너가고 싶다

병상일기 쓰면서

겨울나무처럼
- 진리의 사도

창문 너머로 보이는 겨울나무들
입고 있는 옷 다 벗어버리고
산기슭에 누드로 서 있네

가지마다 허공을 매달고
차디찬 바람과 싸워가며
참선을 하고

온 몸으로 가르쳐주는 건

'다 비우라'

지금 나의 계절도 겨울
찬바람에 옷깃 여미며
자연의 교훈 엿듣는데

아직도 못다 버린 욕망
겨울나무 쳐다보며 깨닫는

마지막 인생길

그래 이제는
모든 것 다 털어버리고
저 겨울나무처럼

'가볍게 겨울을 건너가자'

다짐하면서
창문 너머로
눈 쌓인 산을 건너다보는

저녁 무렵에

5
마지막으로 걷는 길

- 병마를 극복하며

불시착

- 암 선고를 받고

제2의 인생에서는
섬을 걸으며 자연과 소통하고
나를 만나며
'살아서 가는 천국' 걷고 있다가

암 판정을 위해
조직검사를 받으면서
바늘이 찌르는 순간
무의식적으로 외친

하나님!

검사 결과를 기다리다가
드디어 암 선고를 받던 날
'나'라는 우상을 깨고
하나님께 굴복을 한다

불시착이다

하나님을 영접하니
생사의 문제는 하나님의 몫
단지 건강이 회복되기를 소망하고
병마와 씨름하며

병상일기를 쓰고 있다

치유과정을 그려가며
남은 시간에 의미를 입히고
고유한 체험을
다른 사람들에게 전하기 위해

창문으로 스며드는
햇살을 바라보며

침을 맞는 순간

- 예수님을 만나다

머리에 대침을 맞는다

혈류에 이상을 느끼지만
MRI와 MRA에는 나타나지 않으니
의사들은 이상 없다고 하고
더 이상 처방을 안 하니

한의사에게 찾아가
그 증상을 설명하고
목과 머리 혈관에 침을 맞으며
병마와 씨름하고 있는 지금

침이 들어오는 순간
'십자가에 못 박히신 예수님'
그 형상이 내려오시고
마침내 성령이 임하시니

통증은 못 느끼고
가슴은 뜨거워지고
새로운 소망이 생기고
세상이 훤해지는 찰나

이제 죽고 사는 문제
하나님께 맡기고
십자가 위에 나를 매달고
병마와 싸우리라

하나님의 은총을 받고
하나님의 긍휼을 믿고

신을 만나는 순간
- 종교에 귀의하는 때는 따로 있다

지성의 다리를 건너서는
신 앞에 갈 수 없고
신앙의 다리를 건너야
다다를 수 있는 하나님

평안하고 고통이 없을 때에는
하나님을 만나지 못하고
특별한 계기가 있어야
비로소 하나님을 영접하게 되니

간절함으로

아인슈타인은 과학의 끝자락에서
신비한 존재를 만났으니

과학자들이 신을 만나는 때가
바로 그때
과학이 끝나는 곳에서

신비함으로 신을 발견하고*

간절함으로

국문학자 이어령은 지성에서 영성으로
진화하면서 하나님을 만났으니

지성의 끝자락에서 비로소 보이는
하나님의 존재
인간은 지성의 한계를 깨달을 때
하나님을 만나게 되고

간절함으로

많은 환자들은 암 선고를 받고 나서
비로소 하나님께 의탁하게 되니

건강할 때는 하나님을 만나지 못하고
건강을 회복하기 힘들다고 생각할 때

---

* 신이 아니라 과학기술로 인간의 몸과 마음을 치유하고 영혼을 구원할 수 있다는 Scientology는 진정한 종교가 아니라 사이비 종교로 기소된 바 있다. Thetan이란 불멸의 정신을 신으로 대치시키고, 사람의 육신이 죽으면 그 육신에 깃들어 있던 테탄이 아기 몸으로 옮겨간다는 윤회설을 주장한다.

고통을 통해 자신의 한계를 깨닫고
인간은 하나님에게 항복을 하고

간절함으로

인간의 한계를 깨닫고 절망할 때
비로소 하나님을 만나게 되고

특수한 환경에 부딪혀
자신의 문제를 스스로 해결할 수 없을 때
'나'라는 우상을 깨고
비로소 하나님을 만나게 되는 연약한 인간

간절함으로

오직 하나님뿐
- 갈 곳을 잃은 내 마음

이 병원 저 병원 찾아다니며
MRI와 MRA 찍어보지만
사진에 나타나는 건
아무 것도 없으니

의사들은 이상 없다고
그냥 가라고 하고
통증을 호소하면
신경과에 가보라고 하고

그럼 이제 어디로 가야 하나

오랜 세월 여러 병원
힘들게 찾아다녔지만
아무런 처방도 못 받았으니
믿을 곳은 오직 한 곳뿐

하나님

하나님을 영접하고
모든 걸 맡기고 나니
근심 걱정 다 사라지고
해방된 기분이다

질병으로부터
세속으로부터
나로부터

하나님과 동행하며
소망을 되찾고
기쁜 마음으로
다시 인생을 노래하는 나

병상일기를 써 가며

신앙은 무조건이야
- 논리로 증명할 수 없는

신앙은 무조건이야

하나님의 존재
과학적으로는 증명할 수 없고
예수님의 존재
논리적으로는 입증할 수 없고

믿음은 자신의 체험을 통해
스스로 깨닫게 되었을 때
자신이 불완전함을 느끼고
절대자인 하나님을 받아들일 때

무조건 생기는 거야

설명으로는 이해시킬 수 없고
설득으로는 믿게 할 수 없고
스스로 체험을 통해서만
받아들일 수 있는

예수님의 존재

믿으면 말씀이 이해가 되고
그대로 수용할 수 있게 되고
믿으면 구원을 받고
하나님과 동행할 수 있으니

아, 하나님이시여!

나도…

'나'라는 우상

– 다시 태어나다

제2의 인생에서는
나 자신을 믿고
자유의지를 가지고
모든 걸 내 스스로 해결하는

내가 우상이었다

섬에서 걸으면서 즐거움을 누리며
이곳이 살아서 가는 천국이고
나만이 있는 공간에서는
내가 신이라는 헛소리를 하면서

'초인'*도 못 되는 주제에

어느 날 갑자기 암 판정을 받고
다른 질병들이 동시에 드러나

---

* 니체가 말하는 '보통사람보다 월등한 능력을 가진 사람'을 말함.

MRI와 MRA 찍어보지만
의사들은 처방을 못 내놓고
의학적 한계를 벗어나 있으니

이제 나라는 우상을 깨버리고
하나님 앞에 백기를 들며
병상에서 하나님의 아들로
다시 태어난 나

그 흔적을 밟으며
오늘을 건너가고 있다

살아서 가는 천국 (2)
- 다시 천국으로

섬에 가서 거닐면서
자연과 소통을 하고
나를 만나면서

세상의 모든 번뇌 털어버리고
과거의 아픔 다 불살라버리고
기쁨이 내 안에 들어서니

'살아서 가는 천국' 걷고 있었네
'카르페 디엠'*이라는 슬로건을 메고

제2의 인생에서는

병원에서 처방 못 받는 질병이 생기고
암 판정까지 받으니
이제는 하나님 영접하고

---

* '지금 이 순간에 충실하라'는 뜻의 라틴어.

모든 걸 하나님께 맡기니
기쁨이 가득하고
마음의 평화를 얻고

다시 '살아서 가는 천국'
걷고 있네
그 연장선에서

제3의 인생에서는

하나님의 지상명령은
짧은 인생
기쁘게 살다 오라는 것

하나님과 동행하며
하나님의 사랑 받고 살면
기쁨이 가득하리니

나의 마지막 소망도
남은 시간 하나님 안에서
즐겁게 살다 가는 것

벼락부자
- 빛이 내리니

평생 투병 중인 환자*
갑자기 부자가 되었네
질병과 싸우는 고통 속에서
하나님을 영접하고
새로운 인간으로 다시 태어나며

세상이 나를 버렸다고
자신을 포기하고
생사를 조롱하며
치료비에만 관심이 있었던
그의 힘든 현실

내일은 신만이 알고 있다며
자포자기 속에
기약 없는 오늘을 살고 있다가
하나님을 영접하면서

---

* 시인 성성모.

세상에서 벼락부자가 된 시인

신앙생활을 하면서
하나님을 소유하는
진정한 부자가 되고
은혜와 감사가 넘치니
신바람 난 진짜 부자가 되고

불우한 환경에 행복을 선물한
하나님의 은혜
덕분에 구원의 길 걷고 있는
시인의 길 위에
빛이 내리고 있다

오늘도 그의 신앙 위에는

참 신앙
- 구원으로 가는 길

참 신앙만이 인간을 구원할 수 있으리

진정한 신앙은
교회나 사찰에 얽매이지 않는다
이들은 인간이 만든 종교적 의식일 뿐
규범에 구속되지 않는다

신앙이 본질이고
다른 것은 형식에 불과하다
종교가 조직화되면
신앙의 생명력을 잃어가는 법

균형 잡힌 신앙은 하나님의 말씀을
머리로 이해하고
마음으로 믿으며
가슴이 뜨겁게 실행하는 것

삼위일체가 되어야 한다

신이 내 안에 있다는 사실을 깨닫는 것
이것이 진정한 진리이니
참 신앙으로 가는 길은
신과 나 사이에 직접적인 대화이다

"신앙을 갖되 종교로부터 자유로워야 한다"*

맹목적인 믿음은 종교의 독
잘못된 교리에 휘둘리지 말고
'거짓 신'에 현혹되지 말고

하나님의 말씀 그대로 믿고
하나님의 사랑 널리 전하고
참된 신앙을 가지고 살아갈 때
비로소 구원을 받을 수 있으리니

---

* 법정 스님

나는 걷는다

- 성경 속을

섬에 가서 구름 쳐다보고
파도소리 들으면서
자연 속을 거닐며
'살아서 가는 천국'
누렸는데

제2의 인생에서는

지금은 병마와 씨름하면서
새 세상을 거닐고 있다
하나님의 사랑 속을
하나님의 말씀 속을

제3의 인생에서는

산다는 것은 걷는 것
세상을 건너가고
인생을 건너가고

자신을 건너가는 것

인생은 여행이라고 믿고
행복을 추구하며
'살아서 가는 천국'
걷다가

하나님 영접하면서
하나님 안에서
'살아서 가는 천국'
다시 찾았으니

'나'라는 우상을 깨고

남아 있는 시간
하나님과 동행하면서
하나님 말씀 전하다가
천국으로 건너가리라

하나님의 사랑 전하면서

포기할까?

– 고통이 심해지니

통증이 심하게 온다
예비검사의 부작용인가
자다가 깼다
긴 불면이다
상상의 날개를 펴고 여행을 한다
시공을 넘어서
이제 생의 끝이 다가오고 있는가
모든 것을 거둘 때가 되었는가
절망의 골자기를 헤매고 있는
어둠 속의 깊은 밤
아니 아니 아니야
아직은 때가 아니야
하나님이 나를 붙잡고 계시잖아
고통은 나를 단련시키는 거야
믿음을
인생을
하나님의 약속을 믿고
하나님의 말씀대로 살고

하나님의 사랑 전해야지
끝까지 약속을 믿고 가야지
끝까지 희망을 가지고 가야지
병상일기 쓰면서
자신을 구원하고
사회에 봉사하고
사람을 사랑하며
하나님의 아들로 거듭날 수 있도록

핸드폰 소리
- 마지막 기다림인가

병상에 누워 있으면
거의 핸드폰이 울리지 않는다
그렇게 정리되어 가는
수평적 관계
나의 인생

핸드폰 소리가 나서 열고 보면
온통 오미크론 관련 메시지뿐
주변 자치단체에서 다 보내니
하루에도 몇 번씩
내 귀를 스쳐가고

속고 또 속아도
핸드폰만 울리면 집어 드는 습관
그리움 때문이리라
무슨 소식 전해올까
아직도 버리지 못하고

내 삶의 에너지요
내 작품의 소재이고
내 삶의 희망인
그리움
나를 버티게 해주었고

자다가 잠에서 깨어났다
한밤중이다
핸드폰으로 생각이 간다
혹시나 천국에서 전화가 왔는지
열어 보니 역시나다
무소식이 희소식이지

병상에서도 아직까지
나를 이끌고 다니는 그리움
오늘도 여행 중이다
상상의 세계에서

절대고독

- 마지막 인생고개

제3의 인생에서 맞는 최대의 적
절대고독
죽음의 문제
어떻게 인생을 마감하고
저 세상으로 건너갈 것인가
조직검사를 받으면서
절대고독의 문을 두드리고
암 진단을 받으면서
절대고독의 문을 넘어서고
내가 만난 절대고독
죽음을 눈앞에 둔 마지막 고통
자연의 순리이다
생사의 문제는 하나님의 영역
누구나 죽는다는 사실
누구도 피할 수 없다는 것
기꺼이 받아들이면
죽음은 두렵지 않고
절대고독은 사라지리라

하나님을 영접하고 말씀을 믿으면
죽어서도 천국에 갈 소망이 생기니
절대 고독하지 않아
죽음의 문턱은 쉽게 넘을 수 있고
남은 시간
감사하게 생각하고
즐겁게 살아가면
새로운 소망이 생기고
새로운 의미가 입혀지고
제3의 인생은 이런 것

사람과 사랑의 함수관계

- □ v. ○

사람과 사랑의 다른 점은 그 받침이
사람은 □
사랑은 ○

□ 안에 갇혀 사는 인간
모가 나고
불완전한 존재

○을 지향하는 인간
온전하고
화합하는 존재

○는 사랑
포용하며
세상을 하나로 만드는

사람은 사랑함으로써
○가 되고

구원으로 가는

인간의 길(ㅁ-ㅇ)

그러나 완전한 ㅇ는
인간의 힘으로는
이루어질 수 없고

하나님 영접한 후
하나님의 사랑으로
비로소 가능하니

이제 성령의 힘으로
그 길로 걸어가리라

자살
- 생명처분권은 없다

자살률은 OECD 국가 중 1위
우리나라의 수치스런 자화상이다
개인적 이유도 있지만
사회적 환경이 기본적인 원인이고

생명은 신이 내려준 선물
생명권은 권리인 동시에 의무
자기결정권이 없으므로
생명은 스스로 포기할 수 없는 것

거꾸로 읽으면
자살은 '살자'
자살 금지는 '지금 살자'

그래도 세상은 살만한 곳이다
생명을 포기하지 않으면
살 길은 얼마든지 열려 있고
굳세게 살아가면 희망의 날 올 터인데

그러나

그런데

그렇지만

삶의 끝자락에서 심한 고통만 느끼고
의학적으로 더 이상 살 수 없다면
생명을 무리하게 연장시키는 건
오히려 비인도적이 아닌가

이상적인 죽음은 자연사
존엄하게 죽을 수 있는 권리도
생명권으로 보장되어야 하는데
아직 제도화되지 아니한 우리나라

안락사는 아직 불법이고

솔로몬의 지혜가 필요한
지금 우리 사회이다

죽음의 질을 높이자
- 죽음을 생각하며 인생을 배운다

생물학적으로는 인생의 끝이지만
도덕적으로는 인생의 완성인 죽음

언제 죽을지는 모르지만
죽음은 반드시 오는 것
죽고 사는 문제는 하나님의 몫이니

아모르 파티*

죽음을 두려워하지 말고
있는 그대로 기꺼이 수용하라
"죽음이 세상의 순리라고 생각하면
쉽게 죽을 수 있으니"**

"죽는 것조차 삶의 일부분이고

---

* 라틴어로 '운명을 사랑하라'는 말임.
** 생땍쥐페리

잘 죽는 것보다 중요한 것은 없다"*
'좋은 죽음'을 준비하라

"한숨 쉬며 탄식하는 것은
오페라 배우에게 맡기고
쾌활하게 살라"**

죽음을 준비하는 '깨어 있는 삶'
의미 있는 삶을 누리는 것이고
오늘이 최후의 날인 것처럼 사는 것
죽음의 훈련인 동시에 삶의 기술이니

병상에서 죽음을 생각하며
오늘을 건너가고 있는 지금
이제야 마지막 인생을 정리하며
다시 태어나는 나

---

* 마르쿠스 아우렐리우스
** 니체

'묘지로 가는 길'
- 자월도에서

묘지로 가는 길
이곳이 인생의 현주소다
암 판정 받고 나서야
실감하는 인간의 숙명

어둠이 삼켜버린 새벽 바닷가
짧은 거리지만 인생길 닮아 있는
꼬불꼬불한 오솔길
모텔과 공동묘지를 잇고 있는

공동묘지로 가는 길

삶과 죽음이 맞닿아 있는 이곳
어둠 속을 헤치고 가는 이 길
오늘을 건너가며
한 생애를 복기하는

미로 같은 길

생명은 지나가는 것
구름 같은 순간순간의 실존
왔다가 가는 건 필연이지만
그 때를 알지 못하고

"인간은 누구나
집행기일이 확정되지 아니한 사형수"*

모텔과 공동묘지를 잇는
'묘지로 가는 길'**

이 길을 허우적거리며
달려가는 인생
그것이 생존법칙이고
우리들의 실존임을

죽음을 기억하며
의미 있게 살다가
기꺼이 건너가리라
저 세상으로

---

* 빅토르 위고
** 토마스 만의 소설 제목임.

6

하나님과 동행하며

- 다시 사랑을 전하며

지금 나에게 시는

- 병상일기를 쓰며

나는 시인이 아니다
시인처럼 살고 싶을 뿐
병마를 극복하면서

시는 혼자 있는 공간에서
어둠을 극복하고
빛을 찾아가는

희망의 노래

시 습작에 몰입하면서
고통을 잊고
내일을 약속하는

위로의 노래

고독의 순간에서
치유를 기원하며

나를 위로하는

치유의 노래

시간을 멈추고
상상 속에서
우주를 넘나드는

우주의 노래

생사의 갈림길에서
광명의 세계를 찾아
구원으로 가는

구원의 노래

나만의 공간에서
마음의 숲을 거닐며
나를 만나는

만남의 노래

시간은 나의 유일한 자산
가장 의미 있게 사용하다가
저 세상으로 건너가려는

소망의 노래

좀 더 빛을!

- 마지막 소망

어둠의 세계에서
절망을 넘을 수 있도록

'희망의 빛'을

세속에서 해방되고
자신의 삶을 살 수 있도록

'자유의 빛'을

건강하게 저 세상으로
건너갈 수 있도록

'치유의 빛'을

살아서 가는 천국으로
갈 수 있도록

'사랑의 빛'을

하늘나라로 무사히
건너갈 수 있도록

'구원의 빛'을

빛을 받으며
건강하게 살다가
생을 마감하고 싶은

나의 마지막 소망

'좀 더 빛을'

지팡이

지팡이에 의지하여
넘고 있는 인생 고갯길

젊은 날에는 두 다리로 걷던 길
늙어가면서
세 다리로 세상을 건너가고

세월이 선물한 '지팡이'에 의존해서

노년은 네 다리로
고개를 넘는다
삶에 필요한 또 하나의 다리

'지혜'라는 지팡이를 짚고

지금 나는 다섯 개의 다리로
고개를 넘고 있다
병상에 누워 유리창만 바라보며

'하나님'이라는 지팡이를 잡고

마지막 인생 고갯길을

병상여행
- 상상의 시간

병실에서 혼자 놀고 있다

여섯 평의 작은 서재
좁은 공간에서 이루어지는
병상여행
코로나와 병마가 선물한

이곳에서 창문을 열고
내 마음도 열고
건너다보이는 자연과
대화를 나누면

구름 따라 내 마음도 흐르고

놀이터가 사색의 공간이고
우주가 무한대로 넘나들고
신의 영역까지 오가고
오로지 고독의 붓으로

인생을 노래하는 병상여행

유일한 외출은 산속으로의 산책
고독과 함께 오솔길을 걸으면
자연과 소통을 하고
사진 찍으면서 나를 만나고

혼자서 걷고 있는 이 길

결코 혼자가 아닌 이 길
가슴속에서는 자연이 뛰놀고
마음속에서는 사랑이 숨쉬고
머릿속에는 우주가 드나드는

나만의 세계

병상일기 쓰는 데 몰입하니
고독은 멀리 사라지고
고통은 뒤로 숨어버리고
나의 존재조차 망각하는

이승과 저승을 오가는 시간여행

지금 나에게는

치유의 시간
- 병상에서

병상에서 지금은
몸을 치료할 뿐 아니라
마음도 치유하는 시간
제3의 인생으로
새롭게 태어나는 순간들
외로움을 알아가는 과정
어른이 되어가는 증후
성장한다는 증거이니
인생은 죽을 때까지 진화하는 법
몸과 마음을 치유해가면서
인생을 치유하고
다시 태어나는 나
이제 다른 사람을 위로해줄 수 있는
마음의 여유가 생기고
용기가 솟아나고
새 길이 보이니
하나님의 사랑을 무기로
이웃을 치유하고

사회를 치유하는 길로 나갈 수 있기를
소망하며
병상에서의 시간을 즐기는
지금 이 순간
하나님 품안에서
하루하루를 엮어가는 나
저녁 무렵 무지개를 바라보며

희망은 깨어 있는 꿈
- 끝까지 간직해야 할 자산

끝까지 희망을 가지고 살아야 하리
병상에 누워있는 사람들에게는
더욱 절실한 소망이니

희망은 '깨어 있는 꿈'*
행복의 열쇠는 꿈을 가지는 것
성공의 열쇠는 꿈을 실현하는 것

"이 세상에는 위대한 진실이 하나 있어
자네가 무엇인가를 간절하게 원할 때
온 우주는 자네 소망이 실현되도록 도와준다네"**

불행을 고치는 약은 희망밖에는 없고
질병을 이기는 힘도 희망밖에는 없고

---

* 아리스토텔레스
** '연금술사'에서 많은 사람들에게 용기와 희망을 준 파울루 코엘료가 남긴 명구임.

희망을 잃는 것은 인생의 최대의 적
불행의 나락으로 떨어지는
희망을 버리는 것은 인생의 최대의 실패
스스로를 포기하는

"나를 보라 누구도 희망을 버릴 필요가 없다"*

희망의 끈을 놓지 않으면
반드시 길은 열리고
마침내 완쾌될 날이 오리니

하나님을 영접하고 동행하면
소망이 다시 살아나고
끝까지 하나님의 약속 믿으면
반드시 이루어지리니

병상에서 누워 있어도
빛 속에서 희망을 바라보며

---

* 장애인 과학자 호킹스가 장애를 몸소 보여주며 세상을 향하여 절규하는 살아 있는 증언임.

창문 너머로 하늘이
- 희망의 밧줄을 붙잡고

창문 너머 저 높이
마음껏 율동하고 있는

푸른 하늘

지금 너는 나의 희망이다
푸른 생각으로 나를 이끌어주는

지금 너는 나의 사랑이다
곁에 있으면서 나를 위로해주는

지금 너는 나의 친구이다
유일하게 대화를 나누고 소통하는

지금 너는 나의 의사이다
몸과 마음에 안식을 주고 치유해주는

지금 너는 나의 구세주이다

마음의 길이 되고 갈 곳을 인도해주는

내 마음은 하늘에 안겨
구름처럼 흐르고

구름과 내 가슴 이어주는
그리움의 다리를 건너

오르고 싶은 하늘나라
내 마음의 해방구

오늘도 하늘 쳐다보며
제3의 인생을 노래하고 있다

다시 그리움이!
- 그리움의 종착역

그리움은 내 삶의 원동력
그리움을 품고 여기까지 왔다
평생을

그리움은 사람일 수도 있고
그리움은 미래일 수도 있고
그리움은 미지의 세계일 수도 있고

제1의 인생은 성공과 사랑
제2의 인생은 건강과 행복
제3의 인생은 천국과 구원

아직도 남아있는 그리움
남은 인생의 등대가 되고
남은 시간의 에너지가 되고

그리움의 종착역은 천국
살아서 가는 천국을 거쳐

죽어서 가는 천국까지

그리움의 끝자락에서
하나님 영접하면서
그리움의 문제는 해결되었으니

하나님 말씀으로 무장하고
하나님과 동행하면서
천국을 향하여 나아가리라

하나님의 사랑 전하면서

하나님과의 동행
- '나 홀로 인생'을 극복하며

'나 홀로 인생'이었다
제2의 인생은

하나님의 품을 벗어나 살다보니
나는 섬이 되었다
나는 혼자이고
끝없이 외로운 존재

이제 하나님 품에 안기니
나는 혼자가 아니다
나는 하나님 품안에서 살고
하나님은 내 안에서 동행하시니

절망은 희망으로
외로움은 기쁨으로 바뀌고
모든 고통은
하나님의 은혜로 해결되고

남은 시간 십자가 지고 가리라
죽음의 문제 해결하고
새로이 태어나고
세상을 용서하며

하나님의 말씀대로 살고
하나님의 사랑을 전하며

'제3의 인생'에서는

신확행(神確幸)

- 크리스찬의 특권

'나'라는 우상을 깨버리고
하나님 앞에 굴복하고
하나님 품에 안기니

불안과 번뇌 사라지고
마음에 평화가 오고
행복이 깃들고

사후에 천당까지
보장 받으니
찾아오는 행복

'신확행'*

섬에서 걸으면서 누리던 행복
하나님 품에서 누리는 행복으로

---

* '신확행'이란 신을 믿으면 확실하게 보장되는 행복을 말함.

질적 변화를 하고

신확행은 최고의 행복*
신확행은 영원한 행복

지금부터는 꽃길을 걸으며
누리리라
전하리라
하나님의 사랑을

---

* 이를 '5차원적 행복'이라고 부름. 윤명선, 《행복의 비결》 참조.

크리스천의 행복
- 5차원적 행복

행복을 추구하며 사는 인간
누구에게나 '행복해질 권리'가 있다
그러나 행복이 무엇인지 모르고
행복으로 가는 길 못 찾아서

불행하게 사는 인생

행복은 내 안에 있고
행복은 선택의 문제이고
행복은 스스로 만들어가는 것
행복도 지나치면 안 되는 것

행복의 집은 '5층집'이다*

1층에는 식사 수면 성욕 등
생리적 욕구를 추구하는
'기초적 행복'이 있고

2층에는 일 친교 사랑 등
인간관계에서 추구하는
'사회적 행복'이 있고

3층에는 학문 예술 문화 등
정신적 가치에서 추구하는
'문화적 행복'이 있고

4층에는 나눔 기부 봉사 등
공생의 원리를 추구하는
'공동체적 가치'가 있고

그 위에 5층에는
신앙을 통해 기쁨을 누리는
'종교적 행복'이 있다

어떤 행복을 누릴 것인가
개인의 선택문제이지만
많은 계층의 행복을 누릴수록
행복은 풍부해지고

이제 하나님을 영접하니
병마와 씨름하면서도

종교적 행복을 누리며
빛을 향하여 걷고 있는

나의 행복

---

* 윤명선, ≪행복의 비결≫ 참조.

'내 탓이야'
– 문제해결의 비법

제2의 인생에서 하던
인간적인 '수평적 사랑'
이제 그만

이해관계가 숨어 있고
보상심리가 작동하고
용서하지 못하는 사랑

이제야 깨닫는다
인간적인 사랑은
언젠가는 끝난다는 것

모든 것이 내 탓이라는 걸

제3의 인생에서는
조건 없는 사랑
'수직적 사랑'만 하다 가리라

하나님 품에 안겨
하나님의 긍휼을 받고
하나님과 동행하며

하나님의 사랑 듬뿍 받아
그 은혜로 다시 사랑하리라
그 힘으로 널리 사랑하리라

하나님의 말씀 전하며

행복으로 가는 길
- 오로지 '자신'에게로 통한다

'긍정적인 생각을 하라'*
행복해지기 위해서는

인생이란 행복과 불행 사이를 헤매는 골짜기
불행이 다가오면
행복으로 방향을 틀면 되고
그 힘은 긍정정서에서 나오는 것

행복은 자신의 해석에 달려 있다
행복은 밖에 있는 것이 아니라
자신의 내면에 있고
미래에 대한 긍정정서를 가지고
스스로 만족하는 내적인 '심리적 상태'

"행복은 자신의 마음이 결정한다"**

---

* 긍정심리학자들의 권고임.
** 사사키 후미오

"구원의 길은 오른쪽에도
왼쪽에도 통해 있지 않다
그것은 자기 자신의 마음으로
통하는 길이다'"

행복의 궁극적 열쇠는
자신의 마음속에 있으니
긍정적으로 생각하고
희망을 가지며
마음을 굳세게 하리라

하나님의 품 안에서
하나님의 은총 받으며

---

* 헤세

인생이란 '참고 견디는 것'
- 인내가 최고의 명약이다

"세상 다 버티는 것 아닌가요
잘 버티는 게 중요한 거지요"*

의술을 넘어서서
불치병환자를 위로해주며
정신적 치유를 하는
가장 강력한 언어 아닐까

인생이란 미래를 위해
현재를 참고 견디는 것

모든 것은 다 지나가는 것
끝까지 포기하지 않으면
마침내 해결되기 마련이니

---

* 파킨스 병을 앓으며 병상에 누워 힘든 고통을 이겨내면서 인생의 깨달음으로 승화시킨 정신분석전문의 김혜남의 말임.

"내 병이 내 스승"이다

궁극적으로 자신의 마음을
통제할 수 있는 심성을 키우는 것
치유의 원동력이 되고
행복을 누리는 방법이니

"행복이란 그 자체가 긴 인내이다"**

하나님을 영접하고
하나님의 약속 끝까지 믿고
포기하지 말고
하나님과 동행하면 가능하니

남은 인생을 견디면서
희망을 간직하고 살아가는
그녀의 모습 아름답다
아니 위대하다

---

* 니체
** 김혜남의 말.

'이 또한 지나가리라!'*
- 병마와 싸우며

인생은 고해라고 하지 않던가
괴로움과 즐거움의 비율은 '3:1'
인생에서 고통은 반드시 따라 다니고
즐거움보다 괴로움의 시간이 더 많고

쌍둥이로 태어난 행복과 불행

불행을 피해가는 방법은 없고
다만 극복해야 할 대상일 뿐

"피할 수 없는 고통은 즐겨라"**

고통은 인생의 위대한 교사

"모든 괴로움은
영혼을 더 훌륭하게 만드는

---

* 솔로몬의 지혜.
** 하버드대 명문.

연습과제일 뿐*

모든 것은 지나가는 것

모든 것은 마음먹기에 달려 있고
운명이란 스스로 굴복하는 태도일 뿐
어떤 고통이나 고난일지라도
참고 견디면 언젠가는 해결되는 법

암 선고를 받은 후에야 절감하게 되니

병상에서 참고 견디며 이겨내리라
생사의 문제는 하나님께 맡기고
뜨겁게 기도하며
병상일기를 써 가면서

하나님과 동행하니

새로운 소망이 생기고
기쁨이 살아나고
사랑이 회복되고
이겨낼 수 있는 힘이 생기고

끝까지 믿고 기도하면 승리하리라

---

* 줄스 에번스.

마지막 소망
- '제4의 인생'으로 가는 길

병상에서 창문으로 들어오는
햇빛을 바라보며
내 가슴은 뛰고

내 눈으로 들어오는 건

어둠 속에서 빛을
아픔 속에서 기쁨을
절망 속에서 희망을

병상에서 혼자 거닐며

십자가에 못 박히신
예수님 형상
내려오시는 걸 바라보며

예수님을 영접하고
성령을 받고

구원을 받았으니

하나님 말씀으로 무장을 하고
그 기쁨을 에너지로
하나님의 사랑 전하며

'살아서 가는 천국' 거닐다가

'제4의 인생'*으로 건너가기를

---

* 하나님의 은혜를 받고 전도를 하면서 여생을 보내기로 하였는데, 이를 '제4의 인생'이라고 불러본다. 제3의 인생으로 마감을 하자니 연극은 제4막으로 구성되어 있다는 고정관념에 어울리지 않고 왠지 불완전한 인생 같아서 자기합리화를 위해 이렇게 붙여본다.

유언(遺言)

"최선을 다 했노라'
내가 남길 수 있는 유일한 언어다

인생은 죽을 때까지 진화하는 법
마지막 순간까지 최선을 다했으니

미련 남기지 않고 후회 없이
저 세상으로 갈 수 있으리라

생명이 다해갈 때는 존엄하게
저 세상으로 건너갈 수 있기를

남길 것도 없는 인생
알릴 것도 없는 업보

지인들에게 사망소식 알리지 말고

육신은 자연으로 돌아가고

영혼은 자유롭게 흐를 수 있도록

유골은 깊은 산속 조용한 곳
이곳저곳에 뿌려주기를

마지막 가는 길 힘찬 걸음으로
저 세상으로 건너갈 수 있도록

베토벤 교향곡 No. 5를 들려주기를

이 유서는 제2의 인생에서
마음의 여유를 가지고
웃으며 쓴 것이다

제3의 인생을 마감하면서
이를 수정할 수밖에 없다
천국이 더 가까워지고 있으니까

아듀

- 고쳐 쓰는 유서

(찬바람이 스쳐가는 병상에서 웃음은 사라지고 잔잔한 심경으로 제2의 인생에서 쓴 유서를 고쳐 쓴다)

아듀

나만의 독백이다

이제 하고 싶은 말은
오직 이 한마디뿐

강물처럼 도도하게
파도처럼 출렁이게

그래 아듀
진짜 아듀
이젠 아듀

영화의 마지막 장면처럼

'The End'

그러면 인생은 정리가 되는 거야

죽음은 끝이 아니라
모든 것을 이루는 것
영원으로 건너가는 것

@ 병상일기를 마치며
- 새로운 인생을 향하여

오늘은 방사선 치료를 끝내는 날
아직 호르몬 치료는 남아 있고
어느 정도 나았는지
검사결과가 나와야 알겠지만

아직도 다른 질병들은
의사의 처방도 못 받고
침과 약으로 버티고 있을 뿐
병명을 알 수도 없지만

그러나 병상일기는 여기서 끝낸다

원인 모르는 통증
병명도 안 나오는 질병
궁극적으로 하나님만이
온전하게 고칠 수 있으리니

모든 걸 하나님께 의탁하고
끝까지 하나님의 약속을 믿고
질병 때문에 근심하지 않고
간절하게 기도하면 완치되리니

이제부터 하나님과 동행하면서
하나님의 사랑 전하기로
하나님과 약속하고
'제4의 인생'으로 건너가련다

하나님의 말씀 전하면서
'살아서 가는 천국' 거닐다가
하나님이 부르시면 기꺼이
'죽어서 가는 천국'으로 건너가리니

빛을 향하여

초판 발행 2022년 5월 16일

저　　자 · 윤명선
발 행 인 · 한은희
편　　집 · 조혜련
편집·교열 · 이복규

펴낸곳 · 책봄출판사
주　소 · 경기도 고양시 덕양구 통일로 1276-8 (킹스빌타운 208동 301호)
　　　　　서울 중구 새문안로 32 동양빌딩 5층 (디자인 사무실)
전　화 · (010) 6353-0224
블로그 · https://blog.naver.com/anjh1123
이메일 · anjh1123@nate.com
등　록 · 2019년 10월 7일 제2019-0000156호
ISBN 979-11-969999-9-5 03810

· 책값은 뒤표지에 있습니다.